Peter Jürgen Stäb

Wer glaubt denn sowas!?
Biblische Lyrik für Menschen mit Humor

Peter Jürgen Stäb

Wer glaubt denn sowas!?

Biblische Lyrik für Menschen mit Humor

Rediroma-Verlag

Bibliografische Information der Deutschen Nationalbibliothek:
Die Deutsche Nationalbibliothek verzeichnet diese Publikation
in der Deutschen Nationalbibliografie; detaillierte
bibliografische Daten sind im Internet über http://dnb.ddb.de
abrufbar.

ISBN 978-3-96103-403-1

Copyright (2018) Rediroma-Verlag

Umschlagillustration: Weigand / photocase.de
Innenillustrationen: Rebecca Maurer

Alle Rechte beim Autor

www.rediroma-verlag.de
8,95 Euro (D)

Vorwort

Es ist nicht mein Anspruch, den Inhalt der Bibel lückenlos und vollständig wiederzugeben. Biblische Geschichten, lyrischen kurzweilig, soll Neugierde auf das Buch der Bücher neu entfachen.

Moderne, flüssige Texte geben einen Querschnitt des Inhalts der Bibel wieder. Die Auswahl habe ich nicht willkürlich gewählt, sondern nach meinem persönlichen Bekanntheitsgrad der biblischen Geschichten, wie sie mir noch aus Schule und Religionsunterricht präsent sind.

Mein Ziel ist es, dass man eine spannende, kritische und lustige Übersicht des Bibelinhalts bekommt, kurzweilig in 60 bis 90 Minuten. Lassen sie sich drauf ein, es wird ungewöhnlich aber angenehm sein. In dieser Form ist eine Interpretation biblischer Inhalte meines Wissens nicht existent.

Ich weiß, dass es sehr anstrengend sein kann, in der alten, klassischen Bibel zu lesen. Vielleicht finden sie nach dem Lesen meines Buches Interesse daran, meine lyrische Interpretation mit dem Original in der Bibel zu vergleichen. Das würde meinen Anspruch erfüllen und mich persönlich sehr freuen.

Ihre Meinungen, Anregungen oder Kritiken nehme ich gerne an. Kontakten Sie mich über www.facebook.com/dein Buch oder per E-Mail unter peter-staeb@t-online.de

Ihr Autor, Dichter und Märchenerzähler

Peter Jürgen Stäb

Inhaltsverzeichnis

Das Alte Testament

Das Neue Testament

Peter Jürgen Stäb

Wer glaubt denn sowas!?

Biblische Lyrik für Menschen mit Humor

Die Bibel ist ein großes Buch
Lesen darin für manche ein Fluch
Schriftensammlung über Tausende von Jahren
Versteht man selten, kann alles erfahren

Viele Hundert Seiten, meist sehr klein gedrückt
Alles interpretierbar, es klingt fast verrückt
Bibel begleitet Christen ein ganzes Leben
Liest sich spannend, kann soviel geben

Bibelinhalte als flüssige Verse lesen
Überblick haben, ist der Anspruch gewesen
Einzigartig, Fragen und etwas Humor
Vielleicht kramst du danach die echte Bibel hervor

DAS

ALTE

TESTAMENT

Der Anfang

Wie hat denn alles angefangen
Mit der Welt, mit Gott und überhaupt
Ist`s wie geschrieben abgegangen
Nachfragen ist doch wohl erlaubt

Am Anfang war nichts!
Unvorstellbar für's Menschenhirn
Gott war da und Finsternis
Schuf Tag, Nacht, Mond und Gestirn

Jeden Tag war Gott sehr fleißig
Erde entstand, Seen, Flüsse, Meere
Blumen, Bäume, Moos und Reißig
Getier, Insekten sich fruchtbar vermehren

Adam, erster Mensch in neuer Welt
Gefiel ihm, doch Einsamkeit tat weh
Bekam Frau Eva zur Seite gestellt
Gott sah sein Werk, hielt's für ne gute Idee

Sechs Tage Arbeit stecken in seinen Schuhen
Das ist auch für den Allmächtigen viel
Jetzt sollen alle am siebten Tag ruhen
Nicht jeder erreicht derzeit dieses Ziel

Theorien gibt es viele zuhauf
Wissenschaftlich begründet, oft nicht bewiesen
Haben die Wahl und glauben darauf
Auf das, was wir sehen, auch wenn wir`s nicht wissen

Die Schöpfung begeistert, ein herrliches Werk
Unendlich kann uns der Reichtum betören
Mensch erweist sich im Geiste als Zwerg
Setzt alles daran, das Wunder zu zerstören

Bibel: Lies ab Genesis 1

Paradies

Die ersten Menschen lebten im prächtigen Garten
Zusammen mit Tieren und Pflanzen aller Arten
Kein Stress, kein Zeitdruck, genügend Früchte und Gemüs'
Alles lief friedlich im Paradies

Adam und Eva durften alles nutzen
Doch keine Frucht vom Baum der Erkenntnis verputzen
Eine listige Schlange versucht Eva zu verführen
Bis beide die verbotene Frucht probieren

Jetzt war die paradiesische Zeit vorbei
Der enttäuschte Herr verjagte die zwei
Hart mussten sie schuften für Essen und Brot
Am Ende des Lebens steht jetzt der Tod

Und was hat die Frucht der Erkenntnis gebracht?
Alles was geht haben sie falsch gemacht
Für Neugier gibt's höchstens was auf die Wange
Hör lieber auf Gott als auf ne falsche Schlange

Bibel: Lies ab Genesis 3

Mord

Adam und Eva aus Paradies vertrieben
Als Paar sind sie zusammen geblieben
Die Verbindung sollte fruchtbar sein
Eva gebar Abel und Kain

Als Mann bestellte Kain das Land, um Ernte zu wiegen
Der jüngere Bruder hütete Schafe und Ziegen
Sie opferten aus Dank auf einem Altar
Reichlich Getreide und ein Ziegenpaar

Kain schien wenig Selbstwertgefühl
Dachte, sein Opfer Gott weniger gefiel
Als Abels Tiere, und was machte das?
In Kain keimte Eifersucht und Hass

Er lockte seinen Bruder vom Hause fort
Erschlägt ihn mit Stein, begeht biblischen Mord
Gott war erzürnt über die grausame Tat
Verbannte Kain, der nun keine Heimat mehr hat

Bibel: Lies ab Genesis 4

Noah

Das Verhalten des Volkes entwickelte sich schlecht
Das war dem Herrgott gar nicht recht
Gewalt, Neid, Missgunst beherrschte die Menschheit
Zum Leben wie es Gott gefiel, war niemand bereit

Noah war ein aufrechter Mann,
Dem man nichts schlechtes nachsagen kann
Behandelt sein Umfeld respektvoll begehrlich
Lebt nach Gottes Gefallen, edel und ehrlich

Gott wollte Noah retten
Bau er ein Schiff mit ausreichend Betten
Eine Arche mit Stallungen und viel Raum
Noah dachte, es wäre ein Traum

Von jeder Art Tiere hielt ein Paar sich bereit
Und Noah gehorchte, begann mit der Arbeit
Auf'm Berg wuchs die Arche, groß wie die Aida
Weit und breit kein Wasser, das war noch nie da

Niemand war von Noahs Werk entzückt
Sie lachten ihn aus, hielten ihn für verrückt
Doch werden sie später um ihr Leben laufen
Und alle in den Fluten ersaufen

Bibel: Lies ab Genesis 6

Sintflut

Die Arche war fertig, Noah mit Familie an Bord
Alle Tierpaare kamen von ihrem gewohnten Ort
Spott und Häme sprang ihnen entgegen
Da fiel der erste Tropfen Regen

Es regnete Stunden, Tage, Wochen
Das Wasser von oben fiel ununterbrochen
Bis die Erde aussah wie ein einziges Meer
Überlebende Menschen gab's keine mehr

Die Arche schwamm leicht über's Wasser
Im Innern schön trocken, draußen war's nasser
Vierzig Tage regnete es am Stück
Dann hörte es auf, Wasser zog sich zurück

Land zeigte sich allmählich wieder
Die Arche setze auf Grund sicher nieder
Noah wartete noch vierzig Tage
Danach entsandt er einen Raben

Das brachte nichts, hieß weiter warten
Woche später durfte eine Taube starten
Sie flog ein paar Runden, ganz schön weit
Brachte zurück einen frischen Ölzweig

Jetzt wurde es dem Noah klar
Dass die Erde wieder trocken war
Er lies die Tiere landwärts ziehen
Und dankte dem Herrn für seine Mühen

Gott versprach nie wieder Sintflut zu schicken
Beim Menschen auch mal ein Auge zu zudrücken
Für das Versprechen wurde in Erwägung gezogen
Erscheint künftig ein prächtiger Regenbogen

Regenbogen ist ein wunderschönes Bild
Oft fotografiert man ihn wie wild
Dass beide Enden auf Foto, ist man versessen
Gottes Versprechen wird oft vergessen

Bibel: Lies ab Genesis 7

Vater Abraham

Nach Noah sah Gott also dann
Auch Abraham war ein guter Mann
Stammesvater für großes Volk soll er sein
Er gehorchte und ließ sich darauf ein

Gott schickte Abraham in fernes Land
Versprach ihm viele Kinder wie Körner im Sand
Mit Frau Sarah, Dienern, Kamelen und Ziegen
Fanden sie die neue Heimat Kanaan zum verlieben

Sie lebten dort gut, aber auch nach jahrelanger
Warterei wurde Sarah nicht schwanger
Beide im hohem Alter, Gottvertrauen nicht verloren
Wurde dann doch Sohn Isaak geboren

Als Erwachsener nahm Isaak Rebekka zur Frau
Sie gebar die Zwillinge Jakob und Esau
Esau wurde Jäger, Isaak hatte ihn besonders lieb
Jakob lieber kochte und zuhause bei Mama blieb

Bibel: Lies ab Genesis 12

Jakobs Trick

Isaak war alt und sah fast nichts mehr
Er bat seinen Lieblingssohn Esau sehr
Zum gemeinsamen Essen bevor er sterbe
Ihn segnen und sagen: du bist mein Erbe

Als er dann zur Jagd, um für's Festmahl sorgen
Rebekka riet Jakob, Esau's Klamotten zu borgen
Damit er sich anfühlt und riecht wie der Bruder
War Rebekka das erste biblische Luder?

Isaak fiel auf die Täuschung herein
Segnete Jakob und setzt ihn als Erben ein
Esau entdeckte Schwindel, was ihn wütend macht
Am liebsten hätte er seinen Bruder umgebracht

Bibel: Lies ab Genesis 27

Flucht und Traum

Angst vor Esau's Zorn und wie wird Isaak reagieren
Rebekka fürchtete Sohn Jakob zu verlieren
Jakob bekam Angst und packte für eine Zeit lang
Verzog sich und flüchtete zu Mutters Bruder Laban

Solange, bis sie nicht mehr an die schreckliche Tat dachten
Unter freiem Himmel musste Jakob auf Äckern übernachten
So schlief er mit dem Kopf auf einem Stein
Im Traum sah er die Himmelsleiter mit Engelein

Und Gott sprach, er habe Großes mit ihm vor
Das Land wird bald deines, jubelte der Engelschor
Ein Traum, der Jakob den Atem raubte
Er beschloss, dass er an Gott jetzt glaube

Jakob lebte bei Onkel Laban ohne Tadel und Fehl
Verliebte sich in dessen Tochter Rahel
Er verehrte und heiratete seine Schöne
Sie bekamen eine Tochter und zwölf Söhne

Bibel: Lies ab Genesis 27, aber auch ab Genesis 28, 29, 34 und 35

Lieblingssohn

Zwölf Söhne und eine Tochter
Sohn Josef am liebsten mocht er
Jakob verwöhnte und beschenkte ihn tüchtig
Die restlichen Kinder wurden eifersüchtig

Würde Vater sich um uns doch auch so kümmern
Doch Jakob machte es nur noch schlimmer
Erzählte von seinen Träumen im Familienreigen
Wie Geschwister, Sonne, Mond sich vor Josef verneigen

Das konnten die Kinder nicht mehr ertragen
Überlegten, wie können sie Josef verjagen
Beim Schafe hüten kam die Chance dann doch
Sie warfen Josef in ein tiefes Loch

Ein alter Brunnen, Josef fürchtete sich sehr
Plötzlich kam eine Horde Fremde daher
Die Zeit ist gekommen, den Bruder zu strafen
Verkauften ihn den Fremden als Sklaven

Sie freuten sich über das Geld, fühlten sich gut
Tauchten Josefs Mantel in Ziegenblut
Jakob glaubte, Sohn muss vom wilden Tier gerissen sein
Wird nie wieder glücklich, fühlt sich allein

Bibel: Lies ab Genesis 37

Sklave

Für Josef begann eine schreckliche Zeit
Verschleppt nach Ägypten, der Weg war sehr weit
Als Lieblingssohn verhätschelt und verwöhnt
Jetzt Sklave, gequält, bestraft und verhöhnt

Patifar kaufte Sklave Josef zum Schluss
Für ihn er jetzt hart arbeiten muss
Der neue Herr war bald sehr zufrieden
Dessen Frau begann sich in Josef zu verlieben

Sie machte schöne Augen, kam sehr nah
Josef blieb standhaft, was sie ungern sah
Wütend erzählte sie Lügen und Mist
Dadurch Josef in den Knast gekommen ist

Viele Jahre musste Josef im Gefängnis leben
Würde es Chancen auf Freiheit geben?
Mundschenk und Bäcker des Pharao wurden verhaftet
Einer von ihnen hat es nicht verkraftet

Beide träumten seltsam, erzählten Josef davon
Der hörte gut zu und deutete auch schon
Dem Mundschenk prophezeite er ein freies Leben
Für den Bäcker wird es die Hinrichtung geben

Traumdeutung Josef's wurde wahr
Als das der Mundschenk freudig sah
Versprach er sich zum Pharao zu bewegen
Um für ihn ein gutes Wort einzulegen

Lange musste Josef im Kittchen verharren
Vertraute Gott, dass sie ihn hier nicht verscharren
Starke Hoffnung und am Glauben hielt er fest
Freiheit wünschte er sich für seines Lebens Rest

Bibel: Lies ab Genesis 37, aber auch ab Genesis 39

Der Traum wird wahr

Der Pharao, der träumte schlecht
Er doch ganz gerne wissen möcht
Was diese Träume denn bedeuten
Beim Mundschenk begann es innerlich zu läuten

Holte Josef, der hörte mit großen Mühen
Pharao träumte von sieben fetten und mageren Kühen
Sieben fetten Ernten folgen sieben arme Jahre
Leg in fetten Jahre genügend zur Seite und spare

Riet Josef, Pharao war begeistert und machte dann
Josef zum Verwalter im Staat zum zweiten Mann
Er verwaltete die Ernte klug und verzagt
Dass niemand in mageren Zeiten über Hunger klagt

Josef's Familie fand in mageren Jahren nichts zu beißen
So beschlossen sie nach Ägypten zu reisen
Mit Familien, Personal, Tieren begannen sie zu laufen
Hatten Hoffnung, dort gibt es Essen zu kaufen

In Ägypten trafen sie auf ihren Josef wieder
Und wie im Traum knieten sie vor ihm nieder
Der Bruder kommt als mächtiger Mann daher
Alle schämten sich jetzt ehrlich und schwer

Doch Josef freute sich über das Wiedersehen
Er lies die Familie nicht mehr gehen
Papa Jakob war überglücklich als er sah
Dass sein Lieblingssohn am Leben war
Bibel: Lies ab Genesis 41

Die ägyptische Prinzessin

Nach Josef's Tod lebten Kinder Israels in Ägypten fort
Gott segnete sie mit viel Nachwuchs an diesem guten Ort
Ein neuer Pharao hatte Angst vor dem Volk in großer Zahl
Machte sie zu Sklaven, sie arbeiteten nun voller Qual

Doch das war nicht genug mit ihren Nöten
Pharao befahl, alle neugeborenen Jungs zu töten
Damit das Volk Israel nicht noch mächtiger werde
Es half kein Bitten und keine Beschwerde

Frau Jochebed gebar einen Jungen mit Gottes Gnaden
Sie liebte und versteckte ihn vor den Soldaten
Als Sohn Mose größer wurde, war ihr klar
Dass er nicht länger zu verstecken war

Sie bastelt einen Korb, nahm Schilf dafür viel
Und setzte Mose aus auf dem Nil
In der Hoffnung, dass in die Freiheit er trieb
Schwester Miriam beobachtete, wie Mose verblieb

Eine ägyptische Prinzessin ein Nilbad nahm
Als der Bub im Körbchen geschwommen kam
Sie sah den Jungen und nahm ihn an die Brust
Miriam ging hin, dass er ne Amme haben muss

Die Prinzessin war dankbar und es war ihr Wille
Miriam hol eine Amme, damit sie den Jungen stille
Jochebed nun Mose ernährte und die Zeit dankend nützte
Während die Prinzessin den Jungen vorm Tod beschützte

Bibel: Lies ab Exodus 1

Der Busch brennt

Moses wurde ein kräftiger Mann, dass kann man wohl sagen
Sah wie Sklaventreiber einen Mann brutal erschlagen
Er wurde rasend, verlor Kontrolle, der Kopf wurde rot
Und Moses schlug den Sklaventreiber tot

Er war über sich schockiert und erschrocken
Mehr kann ein Mann sich selbst nicht einbrocken
An den Hof des Pharaos konnte er nicht mehr zurück
Floh in die Wüste und versuchte dort sein Glück

Dort fand er Anschluss in Midia und heiratete eine Frau
Schwiegervaters Schafe hütete er wie eigene so genau
Entdeckte einen brennenden Dornbusch an der Kimme
Daraus sprach zu ihm Gottes Stimme

Geh zum Pharao, soll mein Volk in Freiheit ziehen lassen
Es ist nicht einfach, er wird dich dafür hassen
Meinem Volk, den Israeliten, musst du mitteilen
Sie sollen dem Land Ägypten enteilen

Moses hatte große Angst vor Gottes Anliegen
Und Zweifel, kann er das hinkriegen?
Gott gab Bruder Aaron mit auf die Reise
Der soll unterstützen und das war sehr weise

Bibel: Lies ab Exodus 2

Die großen Plagen

Moses und Aaron den Pharao besuchen und sagten ihm
Lass das Volk Israel endlich frei und außer Landes ziehn
Doch der Herrscher Ägyptens fing die Sklaven an zu hassen
Hat sie noch härter gequält und mehr arbeiten lassen

Gott schickte große Plagen, um Macht zu demonstrieren
Färbte den Nil blutrot, hoffte, dass wird funktionieren
Der Pharao war beeindruckt von solcher Kraft
Aber das Volk Israel hielt er weiter in Haft

Also schickte Gott Frösche, Heuschrecken und Fliegen
Drei Tage Dunkelheit sollten den Pharao besiegen
Die gesamte Ernte hat Gott mit Hagel vernichtet
Und auch eine große Beulenkrankheit hat's nicht gerichtet

Für die Ägypter war es schrecklich, furchtbar, nicht einerlei
Während jeder Plage gab Pharao nach, Gottes Volk werde frei
Danach wollte er sein Wort nicht mehr halten
Gott wird nun eine letzte Qual gestalten

Bibel: Lies ab Exodus 7

Die Flucht

Nach all den Taten waren die Israelis immer noch Sklaven
Gott wird Ägypter mit der schrecklichsten Plage bestrafen
Moses informiert sein Volk, dass sie bald weiterziehn
Sie sollen packen, ihre Türen mit Lammblut beschmiern

Das wird sie beschützen in größter Not
Denn in der Nacht, da kam der Tod
Holt Erstgeborene Jungen, auch Pharao wurde nicht geschont
Die mit dem Blut an der Türen wurden mit Leben belohnt

Pharao bekam große Angst, begann sich vor Moses zu winden
Er soll sein Volk nehmen und aus Ägypten verschwinden
Jetzt war es endlich soweit, Gott war ihnen hold
Ägypter waren erleichtert und gaben noch Silber und Gold

Gott erschien Volk Israel als Wolke, um sie zu führen
Nachts als Feuersäule, damit genug Licht sie spüren
Noch waren sie nicht weit gekommen
Da hat der Pharao seine Meinung zurück genommen

Jagte mit Kriegern und Kampfwagen hinterher
Das wird für Moses und sein Volk sehr schwer
Er sah Soldaten, Krieger, Kampfwagen, alle
Und plötzlich saß Gottes Volk in der Falle

Vor ihnen war das große Rote Meer
Und hinten ein kriegerisches Herr
Moses beruhigte und schien gefasst
Verlasst euch drauf, dass Gott auf uns aufpasst

Moses hob sein Stab in den Himmel und plötzlich blies
Ein starker Wind, der das Meer teilte, auseinander stieß
Ein Weg war bereit, den alle zum flüchten nahmen
Und so sicher auf die andere Seite des Meeres kamen

Jetzt waren alle in Sicherheit, zum Glück
Das geteilte Wasser lief gewaltig zurück
Gerade als Ägypter sich zur Verfolgung begaben
Viele wurden unter den Wassermassen begraben

Bibel: Lies ab Exodus 12

Zehn Gebote

Nach vielen Jahren in der Wüste
Moses auf Berg Sinai düste
Denn sein Volk verhielt sich gespalten
Musste Regelwerk von Gott erhalten

Und Gott brannte seine Gesetze
Gekonnt wie ein Steinmetz ohne Hetze
Die Steintafeln sahen aus wie zwei Brote
Moses, Überbringer der zehn Gebote

Den Feiertag heiligen, Vater und Mutter ehren
Nicht töten, nicht stehlen, keine Lügen erzählen
Kein Neid, nicht des Nächsten Frau begehren
Seitensprung lassen- Gebote können quälen

Gott forderte, dass man an ihn glaubt
Seinen Namen nicht missbraucht
Der Herrscher der Welt es niemals erlaubt
Dass man Unschuldige tötet und feige abtaucht

In Gottes Namen, oder wie man ihn weltweit nennt
Werden Terror, Anschläge, Morde befohlen
Religionsverdreher treiben Völker ins Elend
Selbstmordmörder mit Gehirnwäsche das Denken gestohlen

Was ist falsch und was ist richtig?
Wer hält sich dran und wer nicht?
Gibt's Gebote, die weniger wichtig?
Haben Lügen, Fremdgehen geringeres Gewicht?

Stehlen, Dinge mitgehen lassen
Feiertag arbeiten, Eltern anschreien
Den, der mehr hat, gierig hassen
Wird Gott eher große oder kleine Sünden verzeihen?

Kann man zehn Gebote einhalten
Ohne ständig lesen, wie steht es geschrieben?
Das alles kann allein ein Satz entfalten
Du sollst den Nächsten wie dich selber lieben

Bibel: Lies ab Exodus 20

Josua

Vierzig Jahre wanderte Gottes Volk in der Wüste herum
Als Moses starb blieb der Herrgott nicht stumm
Josua soll sein Volk jetzt führen und leiten
Um alle ins Land Kanaan zu begleiten

Josua wollte auf Nummer sicher gehen
Kundschafter sollten sich in Jericho umsehen
Dort kehrten die bei Frau Rehab ein
Sie dachten, da könnte es sicher sein

Der König kam und wollte die Männer verhaften
Rehab, Bring sie raus, die wollen auskundschaften
Versteckte die Männer unter Wolle auf dem Haus
Waren hier, König, sind aber schon durch Stadttore raus

Den Kundschaftern war ihre Hilfe nicht klar
Neugierig fragten, was Anlass der Rettung war
Euer Gott hat euch durch das Meer geführt
Das ist der wahre Gott, es hat mich berührt

Wenn ihr dann bald nach Jericho reist
Verschont meine Familie vor bösem Geist
Erinnert euch an meine kleine Gabe
Sehet am roten Seil, dass ich euch geholfen habe

Bibel: Lies ab Josua 2

Jerichos Mauern stürzen

Durch Rehabs Seil konnten die Kundschafter fliehen
Den weiten Weg zurück zur ihrem Volke ziehen
Josua hörte, Jerichos Menschen große Angst bekannt gaben
Er wusste, das verheißene Land Kanaan bald erreicht zu haben

Gott informierte Josua wie sie weiter vorgehen
Gab sein Wissen ans Volk, damit sie's verstehen
Sechs Tage marschierte das ganze Volk stumm
Hinter den Priestern um Jerichos Stadtmauer rum

Die Priester bliesen Trompete, trugen die Bundeslade
Darin transportierte man Gottes Gebote voller Gnade
Am siebten Tag dann sieben Mal die Stadtmauer umrunden
Danach lautes Kriegsgeschrei ausstoßen innerhalb Sekunden

Im Moment, als die Kriegsschreie angefangen
Stürzten die Mauern Jerichos in sich zusammen
Am roten Seil erkannten die Israelis Rehabs Haus
Schonten sie und ihre Familie vor schrecklichen Garaus

Bibel: Lies ab Josua 2, aber auch ab Josua 6

Nach Josuas Tod

Die Israelis haben sich in Kanaan nieder gelassen
Es ging ihnen gut, sie konnten's kaum fassen
Als Josua gestorben war, wurde Volk schnell schwach
Vergasen Glauben und Gebote nach und nach

Alles schien in Vergessenheit zu geraten
Die Rettung aus Ägypten und die großen Taten
Aber als andere Völker Angriffe starten
Erinnerten sie sich an Gott und wollten auf Hilfe warten

Heerführer Sisera von König Janin führte seine Soldaten
Richterin Debora vertraute auf Gott und ließ sich beraten
Beauftragte Barak gegen Sisera in der Schlacht zu streiten
Doch der hatte Angst, außer Debora würde mit reiten

Sie kam mit, alle kämpften, als würden sie fliegen
Und konnten die Truppen von König Janin besiegen
Heerführer Sisera wurde von Angstattacken angesteckt
Er floh und hat sich in Frau Jael's Zelt versteckt

Dort legte er sich und begann zu schlafen
Jael nahm einen Zeltpfosten um ihn zu strafen
Mit brutaler Gewalt in ihrer Not
Schlug sie den Angsthasen tot

Bibel: Lies ab Richter 4

Gideon

Jetzt herrschte endlich wieder Frieden im Land
Nach und nach wieder der Glaube an Gott verschwand
Erst als erneut Probleme auftreten
Begannen sie Gott wieder anzubeten

Die Midianiter überfielen mit ihren Kamelen
Gottes Volk, um deren Ernten zu stehlen
Wieder und wieder wurden sie überfallen
Das hat dem Herrgott gar nicht gefallen

Er schickte Gideon, dem Volk nicht von der Seite zu weichen
Doch der hatte Angst und verlangte ein Zeichen
Legte Wolle auf Boden, bat Gott, nassen Tau darauf zu legen
Nur die Erde um die Wolle möge sich im trockenen bewegen

Die folgende Nacht solle die Erde um die Wolle feucht sein
Die Wolle selbst sollte trocken bleiben, das wäre fein
Gideon Zweifel verflogen, er vertraute dem Herrn
Der hatte noch Angst, doch Gott hilft ihm gern

Eine kleine Armee von gut dreihundert Mann
Führte Gideon zum Kampf gegen die Midianiter an
Einen harten Kampf mussten sie bestreiten
Sie siegten und konnten die Feinde vertreiben

Bibel: Lies ab Richter 6

Simson

Lange nach Gideons Tod zogen neue Feinde ihre Register
Jetzt terrorisieren Gottes Volk die brutalen Philister
Simson ist stark, dass er Löwen mit Händen töten kann
Viele Zöpfe, große Statur, Philister fürchteten diesen Mann

Simson war Richter und urteilte rechtlich gestützt
Solange er das tat, war Gottes Volk sicher geschützt
Doch auch Simson hatte Schwächen, ganz im Vertrauen
Er konnte nicht widerstehen den wunderschönen Frauen

Die Philister bezahlten Delilah, griffen zur List,
Sie soll rausfinden, wie Simson zu besiegen ist
Delilah flirtete und schäkerte eifrig und prompt
Fragte ihn täglich, wo seine Stärke herkommt

Delilahs schmeicheln machte Simson dann weich
Von Geburt an bin ich Gott geweiht, erzählte er gleich
Mir dürfen die Haare niemals abgeschnitten werden
Sonst werde ich schwach wie jeder anderer Mann auf Erden

Delilah brachte das Geheimnis zu den Philisters Platz
Als Simson schlief, schnitten sie ihm die Haare, ratzfazz
Da er jetzt schwach war, trauten sie sich, ihn zu verhaften
Kann Simson das als schwacher Mann verkraften?

Die Philister feierten ein großes Fest mit vielen Gästen
Alle wollten Simson sehen um seine Kräfte zu testen
Er wurde zwischen zwei Säulen gebunden
Ausgelacht, gequält und geschunden

Simson flehte zu Gott, will um seine Kräfte werben
Er möchte die Feinde zerstören und mit ihnen sterben
Gott erhörte sein Gebet und gab ihm die Kraft zurück
Simson zog an den Seilen, Säulen zerbersten Stück für Stück

Das Haus fiel zusammen mit Krach und Gewalt
Vor keinem, der drin war, machte es halt
Alle Besucher starben in Not
Zusammen mit Simson waren sie tot

Bibel: Lies ab Richter 13

Noomi kehrt heim

Eine Hungersnot brach herein, es wäre gut hier weg zuziehen
Elimelech, Frau Noomi und ihre zwei Jungs werden fliehn
Und ins Land der Moabiter reisen, wo Elimelech dann starb
Nun blieben sie erstmal, um zu sehen, was es noch gab

Noomis Söhne verliebten sich und fanden es gut
Bald heirateten sie ihre Bräute Orla und Rut
So lebten sie glücklich, eine Zeit lang zumindest
Dann starben beide Söhne, das war ungünstig

Alles was ihr lieb war, hatte Noomi verloren
Sie wollte zurück in ihre Heimat, wo sie geboren
Schwiegertöchtern wünschte sie neue Männer und Glück
Dann wollte sie den weiten Weg zu ihrer Familie zurück

Rut war jetzt sehr traurig, will Noomi nicht missen
Nimm mich mit, sonst hab ich schlechtes Gewissen
Ich möchte immer bei dir sein, deinen Gott anbeten
Sie gemeinsam die Reise nach Bethlehem antreten

Bibel: Lies ab Rut 1

Boas und Rut

Rut und Noomi kamen nach Bethlehem zur Erntezeit heim
Sie sammelte täglich liegen gelassenes Korn fleißig ein
So hatten Noomi und sie jeden Tag ausreichend zu essen
Doch das Feld gehörte Boas, das hatten sie vergessen

Boas war ein guter Mann, verwandt mit Noomis Gatte
Er fragte Rut, wer sie dann ist und was sie vorhatte
Sie erzählte die Geschichte, schwört, habe nichts gestohlen
Boas freute sich, segnete sie, erlaubte ihr weiter Korn zu holen

Nach der Erntezeit trafen Rut und Boas sich weiter
Sie kamen sich näher, das machte Noomi sehr heiter
Dann heiraten sie, Sohn Obed kam auf die Welt geschwind
Noomi fühlt sich Gottes gesegnet, sieht Obed als Enkelkind

Giebel: Lies ab Rut 2

Der Tempeljunge

Nach langer Ehe war Hanna noch immer Kinderlos
Sie betete zu Gott, ihre Sorgen waren groß
Gott hatte ein Einsehen, erhöhte die Gebete
Samuel wurde geboren, es gab Geschenke und Pakete

Als Junge kam Samuel zu Priester Eli mit seinen Krempel
Er lernte Gott zu dienen, und lebte jetzt im Tempel
Nachts im Traum hörte Samuel Stimmen, er zu Eli lief
Als er hin kam, sah er, dass der tief und fest schlief

Zweimal noch diese Szene, Priester hielt es für nen Spleen
Bis Eli sagte, zu Dir spricht der Herr, bitte antworte ihm
Und Samuel folgte, sprach zu Gott: Herr, ich höre
Ich will nach deinem Willen leben, helfen- ja, ich schwöre

Bibel: Lies ab 1. Samuel 1

Der erste König

Lange Jahre führte Samuel sein Volk gerecht mit Würde
Im hohen Alter kam das Volk mit einer schweren Bürde
Sie wollten einen König wie andere Völker, nicht grade wenig
Samuel sprach, uns geht es gut. Gott ist unser König!

Doch das Volk enttäuscht und nicht zufrieden
Gott war bemüht, eine Lösung zu kriegen
Er sprach zu Samuel allenthalben
Suche Saul und lass ihn zum König salben

Saul suchte Esel seines Vaters, bestaunte Samuels Worte
Versprach aber dann, ich werde König der guten Sorte
Er hörte auf Gott, gehorchte und handelte nach ihm
Die Menschen liebten den König und verehrten ihn

Doch je mehr die Menschen ihm Zuneigung zeigen
Vergaß er sich weiter vor Gott zu verneigen
Samuel warnte, lass den Herr im Herzen nicht verwaisen
Enttäusche Gott nicht, er wird zurück dich weisen

Bibel: Lies ab 1. Samuel 8

Letzter Sohn

Samuel wollte nicht in Sorge um König Saul enden
Fragte sich ständig, konnte er es zum Guten wenden
Gott schickte ihn nach Bethlehem in Isai's Haus
Dessen Sohn erkore ich als nächsten König aus

Samuel lies für Isai's Familie ein Festessen bestellen
Er erzählte Vorhaben, Isai's solle seinen Sohn vorstellen
Ältester Sohn, gut aussehend und groß, das muss er sein
Gott aber sprach, auf Äußerlichkeiten fällt man nicht rein

Isai stellte sechs weitere Söhne zu Betracht
Alle waren zum herrschenden König nicht gemacht
Der jüngste Sohn David war Schafe zu bewachen
Gott sagte, den sollst du zum nächsten König machen

Bibel: Lies ab 1. Samuel 16

Lied der Hirten

Die Zukunft Davids als König war jetzt klar
Momentan er aber noch Hirtenjunge war
Verbrachte viel Zeit mit dem hüten der Schafe
Spielte und dichtete Lieder auf seiner Harfe

„Der Herr ist mein Hirte, es wird mir an nichts mangeln"
Er weidet mich auf einer grünen Aue und führet mich …"
Herr dieses Lied, das dichtete ich für dich
Es war das schönste Lied, das jeder jetzt spricht

Auch wenn es einem nicht so gut ginge
Wurde es besser, wenn David das Lied mit Harfe singe
Es spendete Menschen Trost und es nützt
Wussten sie danach, dass Gott sie beschützt

König Saul durchlebte traurige, depressive Phasen
Einige Getreue von Davids Gesängen lasen
Er wurde geholt um König Saul vorzusingen
Und ihn auf fröhliche Gedanken zu bringen

David der kam und er bemühte sich sehr
König Saul war angetan und wünschte sich mehr
Er genoss die Zeit, wenn er David sehe
Er fühlte sich wohl in dessen Nähe

Bibel: Lies ab 1. Samuel 16 und Psalm 23

David und Goliat

Die Philister wollten die Israelis besiegen
Sie rüsteten auf zum brutalen Kriegen
Ein Krieger war groß, stark und rabiat
Hielt sich für unbesiegbar, er hieß Goliat

Als David Saul besuchte, schrie Goliat voller Wut
Ist hier ein Mann, der sich traut, und mit mir kämpfen tut?
David erzürnt wütend, konnte es nicht fassen
Soll er den Proleten sich über Gott lustig machen lassen?

David war bereit, ein Zweikampf muss her
Die Rüstung von König Saul war ihm zu schwer
So tritt ohne Rüstung, aber mit Vertrauen auf Gott
Er sammelte Steine und stellte sich Goliats Spott

Wollte sich das israelische Volk über Goliat lustig machen?
David nahm seine Schleuder, überhörte solche Sachen
Er zielte auf Goliat, traf ihn auf der Stirn
Der Riese war sofort tot, fiel rückwärts schwer hin

Der Jubel im Tal der Israelis war euphorisch
Kleiner Mann besiegt Riesen, das war historisch
David war klar, er hat nicht umsonst geschwitzt
Gott war sein Retter, er hat ihn geschützt

Bibel: Lies ab 1. Samuel 17

Gott beschenkt Salomon

König Saul sah, das David Gottes Segen genießt
Er wurde eifersüchtig, sich in Selbstmitleid ergießt
David braucht nicht mehr mit Harfe zu singen
Viel mehr versuchte er ihn umzubringen

Es gelang ihm nicht, Saul starb bald eintönig
Und David's Zeit kam, er wurde jetzt König
Er regierte gottesfürchtig, ehrlich und gut
Die langen Jahre forderten Tribut

Auf Sterbebett rief er nach seinem Sohn Salomon
Du wirst mein Nachfolger, das weißt du schon
Folge Gottes Willen und Gebote, um guter König zu sein
Salomon träumte, der Herr gibt ihm alles, das wird fein

Jetzt hatte er alles, um gut regieren zu können
Nur einen Wunsch konnte er noch benennen
Herr gib mir Weisheit, was guter König ausmacht
Menschen lieben König, Klugheit, Reichtum und Macht

Bibel: Lies ab 1. Könige 2

Der weise König

Salomon richtete über einen Streit von zwei Frauen
Sie schreien sich an, wem soll man da trauen?
Frauen hatten je einen Sohn, jetzt ist einer tot
Sie hat meinen lebendigen Sohn gestohlen in ihrer Not

Und das tote Kind in meines Sohnes Bettchen gebracht
Das ist eine Lüge, hab das nicht gemacht
Schrie die zweite Frau, das lebende Baby gehöre mir
Ich lüge nicht, das schwöre ich dir

Salomon riet, das lebende Kind in zwei Teile zu trennen
Damit jede Mutter die als Eigentum benennen können
Ja, schneidet es entzwei! Rief die eine sehr schrill
Die andere musst weinen, weil sie das nicht will

Lieber soll das Kind bei der falschen Mutter sein als tot
Salomon erkannte die echte Mutter und ihre Not
Er sprach ihr das Kind zu, das war klug und weise
Das salomonische Urteil ging auf die Reise

Das Volk im ganze Land hörte von der Weisheit des König
Er war gesegnet von Klugheit und gar nicht eintönig
Salomon baute in Jerusalem einen Tempel für jeden
Zum Gottesdienste feiern, singen, diskutieren und beten

Bibel: Lies ab 1. Könige 3

Große Dürre

Salomon regierte lange, weise und in Gottes Sinn
Nach seinem Ableben war's mit den guten Zeiten dahin
Ahab hieß der neue König, hielt vom Gott der Israelis nichts
Er betete zu einem Gott Baal, das war sein Gewicht

Prophet Elia sprach ihn mehrfach an
Bete nicht zu den falschen Göttern, Mann
Du sollst zu Abraham, Gott der Israelis beten
Sonst wird es eine große Dürre geben

Ahab wurde zornig und änderte nichts
Der Regen verstummte, es gab viel heißes Licht
Über Monate war es trocken und heiß
Für Elia war gesorgt, die Dürre war ein hoher Preis

Bibel: Lies ab 1. Könige 17

Frau teilt gerne

Den Ort Zarpat sollte Elia auf Gottes Wunsch aufsuchen
Um eine Witwe, die ihn versorgen wird, aufzusuchen
Er fand die Witwe. Sie sammelte Holz für ihr Feuer
Sie besaß einen Tropfen Öl und wenig Mehl, alles war teuer

Ein letztes Brot wollte sie backen für ihren Sohn und sich
Danach wegen der Armut sterben, schämte sich fürchterlich
Als Elia um Gastfreundschaft bat sowie etwas Essen
Hatte die Witwe ihre große Not schnell vergessen

Sie backte das Brot, teilte mit Elia und ihrem Sohn
Das sollte ihr gut tun, sie bekam spontan Lohn
Ihr Krug war jetzt stets mit Mehl und Öl gefüllt
Gott sorgte dafür, dass Sohn und sie keinen Hunger mehr fühlt

Bibel: Lies ab 1. Könige 17

König Ahab

Hofdiener Obadja war am Hofe des König Ahab kein Gast
Arbeitete dort, besorgte Wasser und Essen für'n ganzen Palast
Ahab war grausam, hatte viele Propheten Gottes entsorgt
Obatja verehrte Gott, lebte gefährlich und war sehr besorgt

Er hielt hundert Propheten Gottes in zwei Höhlen versteckt
Brachte täglich Essen und Trinken, hofft, er bleibt unentdeckt
Elia traf Obatja und bat, sag König Ahab, ich bin hier
Obatja hat Angst, Ahab wird mich töten wegen dir

Auf der ganzen Welt hat er schon nach dir gesucht
Dich nicht gefunden und anschließend geflucht
Wenn ich von dir berichte, wirst du wieder abtauchen
Sein ganzer Zorn wird er an mir aufstauchen

Elia bestand drauf, er wollte sofort mit Ahab reden
Er konnte letztendlich Obatja zum Handeln bewegen
König Ahab bezeichnete Elia als Unruhestifter und Rebell
Doch der Prophet konterte professionell und schnell

Du sorgst für Unruhe, Gewalt, Sorgen und Probleme
Betest Götzen aus Holz und Stein an ohne dich zu schämen
Wendest dich von Gott ab, der alles geschaffen
Bekämpfst Gläubige und Propheten mit scharfen Waffen

Ich schlage ein Treffen vor auf dem Berge Karmel
Mit Gottes Volk, deinen falschen Propheten ganz schnell
Alle kamen, und hörten, was Elia zu sagen bereit
Es musste eine Entscheidung geben, es war an der Zeit

Entscheidet euch jetzt, wem ihr folgen wollt
Wenn mein Herr euer Gott ist, dann zeigt es ihm hold
Aber ist es der falsche Gott Baal, der euch weitet
Dann folgt ihm, und ihr werdet verleitet

Elia forderte die Propheten Baals heraus um zu sehen
Ein Stieropfer auf dem Altar, da sollte was gehen
Feuer sollte ihr Gott Baal dem Opferstier bringen
Sie beteten ihn an, sie tanzten und singen

Elia vespottete das Getue, habe Baal Urlaub oder schliefe?
Die Propheten tanzten weiter, sie flehten und riefen
Doch es passierte nichts, kein Feuer eingeleitet
Elia kam dann planvoll und perfekt vorbereitet

Sein Altar war fertig und sogar unter Wasser gesetzt
Er betete den Herrgott an und bat ums Feuer jetzt
Zeige, das du der wahre Gott bist und dir alle folgen
Schicke dein Feuer für mein Opfer aus allen Wolken

Von ober kam Feuer auf das Opfer wiederum
Verbrannte es, trocknete auch alles rundherum
Als die Menschen das sahen, fielen sie nieder
Beteten zu Gott und folgten ihm wieder

Bibel: Lies ab 1. Könige ab 17 und 18

Jona und der Wal

Prophet Jona wurde von Gott nach Ninive geschickt
Menschen leben barbarisch, das macht mich verrückt
Mach ihnen klar, sollen ihr Leben auf Gott einschwören
Doch Jona hatte keine Lust auf Gottes Weisung zu hören

Er ging auf ein Schiff, segelte in entgegengesetzte Richtung
Jetzt brauchte er nicht mehr die geforderte Pflicht tun
Nachts kam eine Sturm auf, gewaltig mit Getöse
Jona erkannte, jetzt war Gott sauer auf ihn und böse

Die Crew warf allen Ballast über Bord, fürchtete ums Leben
Jona sagte, meine Schuld kann ich an euch nicht weiter geben
Wenn ihr Leben wollt, werft mich über Bord
Gott wird mich beschützen und ihr lebt fort

Sie taten es, Jona betete zu Gott, flehte ihn um Hilfe noch Mal
Kaum war er im Wasser, verschluckte ihn ein gigantischer Wal
Sofort hatte sich der rauhe Sturm gelegt, das Wasser war still
Drei Tage hat Jona den Wal noch belegt, weil Gott es so will

Bibel: Lies ab Jona 1

Gott vergibt Jona

Gott erhörte Jonas Gebete, der wird nicht mehr mucken
Befahl Wal ihn drei Tage später an den Strand zu spucken
Jona machte sich auf nach Nivine, um Menschen zu belehren
Redete, überzeugte, dass alle wieder Gott verehren

Die Niviner erkannten ihr falsches Leben, wollten es ändern
Sie fasteten, beteten und knüpften zu Gott neue Bänder
Gott freute sich sehr über Jonas Dienst für den Neuanfang
Vernichtete Ninive nicht, bewahrte sie vorm Untergang

Jona war nicht Gottes Meinung, es wurde nicht gesühnt
Die Niviner hatten die Verschonung Gottes nicht verdient
Er wusste, dass Gott Menschen liebt und so gnädiger Kram
Deshalb sei er aufs Schiff, weil er voraus sah, wie's kam

Vor der Stadt baute Jona einen Unterschlupf und schmollte
Der Herr pflanzte ihm Weinstock, der Schatten spenden sollte
Jona genoss diesen kühlen, schattigen Ort
Nachts kam ein Wurm und fraß den Weinstock fort

Jetzt fühlte er sich elend, es war furchtbar trocken und heiß
Jona war traurig, von seiner Stirn tropfte der Schweiß
Gott sprach: Die Rebe gestorben, obwohl Du sie nicht erdacht
Doch ich liebe die Menschen, hab jeden einzelnen gemacht

Bibel: Lies ab Jona 3 und 4

Jeremia

Noch bevor Jeremia geboren wurde, wählte Gott ihn aus
Damit er sein Wort verkünde in die ganze Welt hinaus
Jeremia hatte Zweifel, er fühlte sich unreif und zu jung
Gott beruhigte ihn, unterstützte und half ihn auf den Sprung

Also redete Jeremia, bat alle nach Gottes Regeln zu leben
Doch keiner hatte Lust, dem Herrgott Anerkennung zu geben
Jeremia warnte, Babylonier werden Jerusalem zerstören
Salomons Tempel bestehlen, uns wird nichts mehr gehören

Jeremias Prophezeiung wurde leider schnell erfüllt
Babylonier zerstörten Jerusalem, alles war schnell vermüllt
Tempel geplündert, töten König Zedekias Söhne geschwind
König selbst wurde geblendet, jetzt ist er blind

Zedekia legte man in Ketten, mit Getreuen führte man in ab
Jeremia hatte Angst um sein Leben, wollte in kein Grab
Gott half Jeremia, soll nicht von Jerusalem gehen
Sondern hierbleiben und den Verbliebenen beistehen

Bibel: Lies ab Jerimia 1 und 2. Chronik 36

Babylon

König von Babylon war König Nebukadnezar
Umgab sich mit schönen, klugen Männer, wie wahr
Von Daniel, Hananja, Mischael und Asarja war König besessen
Sie bekamen den Wein und das gleiche königliche Essen

Daniel wollte das nicht, weil alles von falschen Göttern geweiht
Gemüse und Wasser ist alles, was er wollte für zukünftige Zeit
Der König sah, dass sie sich ohne Fleisch viel besser besinnen
Jetzt dürfen sie direkt für den König die Arbeit beginnen

Bibel: Lies ab Daniel 1

Träume

König Nebukadnezar träumte schlimm, leidet Not
Ruft alle Berater, deutet die Träume, sonst seid ihr tot
Es schien unmöglich, niemand konnte Träume erklären
Daniel ging zum König, bat Zeit ihm zu gewähren

Hananja, Mischael, Asarja und Daniel sprachen zu Gott
Herr hilf uns und rette uns alle vorm Tod
Morgens kam der König fragen, ob er wisse, was er habe
Nur Gott kennt die Antwort, hör zu, was er sagte

Dein Traum ist sehr grausam, wird keinem gefallen
Dein Reich Israel wird geteilt und dann zerfallen
Beeindruckt war der König, Gott demonstrierte Macht
Er hat Daniel zu obersten Weißen von Babylon gemacht

Bibel: Lies ab Daniel 2

Glühender Ofen

Seine Macht zeigte König Nebukadnezar in Ruhe
Lies erbauen eine himmelhohe, riesige Statue
Die weit und breit jedem in die Augen sprang
Wenn Musik erklang, war Anbeten Zwang

Wer sich weigerte, hatte harte Strafe zu erwarten
Werde in den Ofen geworfen, verbrannt und gebraten
Alle hatten Angst vor dem Tod und beten Statue an
Nur Hananja, Mischael und Asarja dachten nicht dran

Der König wurde zornig, schickte sie in die glühende Glut
Die drei vertrauten dem Herrn, wussten, es endet gut
Ein Engel Gottes begleitete die drei dann am Schluss
Aus dem Ofen zurück, rochen sie weder nach Feuer noch Ruß

König Nebukadnezar öffnete die Augen, er wurde ein Christ
Kein Gott kann mächtiger sein, als Gott Israel es ist
Doch sein Ende war nahe, man glaubte es kaum
Sein Schicksal besiegelte ein seltsamer Traum

Er schickte nach Daniel, will den Traum rasch verstehen
Daniel erkannte, besser König könnte die Deutung nicht sehen
Nebukadnezar, bald wird deine Macht ein Ende haben
Wie Vieh und Pöpel werden sie dich vom Hofe jagen

Wenn du grausames Leben änderst und rechtschaffen lebst
Kann dein Schicksal noch ändern, wenn du am Leben klebst
Doch König hörte nicht auf die Worte, sein Traum wurde wahr
Ihm wuchsen die Nägel wie Krallen, wie Rastas sein Haar

Die Menschen, die ihn sahen, mieden ihn wie die Pest
So wollte er auch nicht leben bis an seines Lebens Rest
Er erkannte eines Tages die Größe Gottes, und
Wie klein doch der Mensch ist und wurde gesund

Bibel: Lies ab Daniel 3 und 4

Wandzeichen

Der Sohn von Nebukadnezar wurde als König der Erbe
Belazar war sein Name, mit großem Feste er werbe
Goldene und silberne Kelche aus Tempel mit Wein gefüllt
Als Belazar daraus trank, wurden Wörter an die Wand gespült

Geschrieben von Menschenhand, Sinn aber niemand verstand
Berater und Weise nicht helfen, alle sind im Angstzustand
Der König rief Daniel, versprach Luxus, Geschmeide und Lohn
Daniel wollte gar nichts und er erklärte und berichtete schon

Deine Zeit ist vorbei, wirst bald kein König mehr sein
Perser und Meder teilen dein Reich untereinander ein
Noch in der gleichen Nacht wurde Belazar umgebracht
Der Anführer der Meder, Darius, eroberte die Macht

Bibel: Lies ab Daniel 5

Die Löwengrube

König Darius vertraute Daniel und mochte ihn schnell
Er machte ihm zum Vertrauten, denn er war weise und hell
Das brachte Daniel Neider, sie stellen ihm ne Falle
Reden dem König ein, er sei der einzige Gott für alle

Nur ihn soll man anbeten, verehren und lieben
Wer das nicht tue, wird in die Löwengrube getrieben
Daniel verehrte Gott, wird niemals den König anbeten
Das war die Falle, Neider trachten nach seinem Leben

Daniel betet dreimal am Tag, erzählten sie dem König mit List
Der erkannte die Bosheit, doch weil das Gesetz von ihm ist
Konnte er nicht anders handeln und das tat ihm leid
Er brachte Daniel zur Löwengrube zu seiner Zeit

Als am kommenden Morgen Daniel in der Grube noch sitzt
Sagte er dem König, Löwen tun nix, Gott hat mich beschützt
Darius erkannte die Zeit für ein neues Gesetz, voller Mut
Daniels Gott ist wahre, betete, alles wurde gut

Bibel: Lies ab Daniel 6

Esra geht heim

Viele Israeliten lebten in Babylon, sie wurden entführt
Einige hatten Heimweh, dass aus dem Herzen herrührt
Der babylonische König Artaxerxes war ein guter Mann
Erlaubte allen, wer heimkehren möchte, der kann

Gold und Silber mitnehmen durften Männer und Frauen
Um in Jerusalem wieder Gottes Tempel aufzubauen
Der Priester Esra, ein Gottesstudent, suchte viele Leute
Die mitgehen zurück nach Jerusalem voller Freude

Esra dankte Gott von Herzen für König Artaxerxes Milde
Und für den Neuanfang in Jerusalem nach Gottes Bilde
Nach all den entbehrlichen Jahren in Babylon
Ist der Neuanfang in Jerusalem gerechter Lohn

Bibel: Lies ab Esra 7

Zerstörte Mauern

Nehemia wollte nicht nach Jerusalem, er blieb in Babylon
Diente König Artaxerxes als Kelchwächter für guten Lohn
Er hörte vom Tempel Jerusalems, der immer noch zerstört
Nehemia wurde sehr traurig und wirkte verstört

Der König empathisch, fragte Nehemia nach traurigen Grund
Ich möchte nach Hause, will am Wiederaufbau helfen zur Stund
König gewährte Wunsch, spendete Holz aus eigenem Wald
Gottes Gnade machte vor Nehemia und Artaxerxes nicht halt

In zweibundfünfzig Tagen wurde Jerusalems Tempel aufgebaut
Mit all seinen Mauern und Toren, was haben sie geschaut
Esra stellte sich vor ein Tor, lies allen Gottes Regeln als Bericht
Weinen mussten viele, erkannten, ohne Gott ist Leben nichts

Bibel: Lies ab Nehemia 2

DAS

NEUE

TESTAMENT

Engel Gabriel

Josef und Maria waren ein Paar
Der Hochzeitszeitpunkt war ganz nah
Engel Gabriel kam zu Maria, und erzählt
Gott hat dich als Mutter für seinen Sohn gewählt

Bald wirst du einen Jungen gebären
Nenne ihn Jesus und tue ihn ernähren
Maria war ratlos, wirkte beklommen
Hat jemals eine Jungfrau ein Baby bekommen?

Mutig nahm Maria Gottes Auftrag dann an
Hoffte, dass Jesus die Welt verbessern kann
Marias Cousine Elisabeth, wurde auch schwanger recht flott
Mit ihr redete Maria über alles und sie lobten Gott

Bibel: Lies ab Lukas 1

Der Weg nach Bethlehem

Maria hochschwanger, mit Josef und Esel musste sie reisen
Kaiser Augustus in Bethlehem die Volkszählung erweisen
Jedem Bürger wurde befohlen, gehe dahin, wo du geboren
Josef kam aus Bethlehem, Zeitpunkt war ungünstig erkoren

Die Reise war stressig, Maria hatte große Beschwerden
Am liebsten würde sie ruhen, oder etwas schlafen auf Erden
Nach einer Herberge würden sie vergeblich Ausschau halten
Ein kleiner Stall wird ihnen bescheidene Unterkunft gestalten

Kaum hatten sich eingerichtet und zum Ausruhen gesetzt
Bekam Maria Schmerzen, die Wehen haben eingesetzt
Josef unterstützte Maria bei der Geburt im Stall, dem warmen
Und des dauerte nicht lange, da hielt sie Jesus in ihren Armen

Bibel: Lies ab Lukas 2

Das Kind im Stall

Maria windelte Jesus und legte ihn in eine Futterkrippe
Engel verkünden das Wunder, Hirten hingen an ihren Lippen
Die Hirten folgten zum Stall dem großen Engelsheere
Die sangen im herrlichen Chor: Ehre sei Gott in der Höhe

Die Hirten fielen nieder, nie hatten sie schöneres gesehen
Sie beten und danken Gott und werden wieder gehen
Alle Menschen sollen erfahren vom Retter der Welt
Die Hirten waren fleißig und haben's allen erzählt

Bibel: Lies ab Lukas 2

Die Weisen aus dem Morgenland

Einen großen Stern entdecken die Weisen am Firmament
Zur Geburt eines Königs über dessen Hause er brennt
Vermuteten sie und machten sich auf, folgten dem Stern
Im Gepäck Anerkennung und Geschenke brachten sie gern

Sie besuchten Herodes im Palast, ist hier der neue König?
Herodes verärgert, wusste davon nichts bis sehr wenig
Er schickte die Weisen mit böser List, ihm bescheid zu geben
Wenn sie neuen König gefunden, will er ihn auch anbeten

Bibel: Lies ab Matthäus 2

Prächtige Geschenke

Die drei Weisen aus dem Morgenland folgten dem Stern
Überm Stall blieb er stehn, eintreten sie gern
Sie knieten nieder, beten Jesus an ganz hold
Beschenken ihn reichlich mit Weihrauch, Myrrhe und Gold

Auf der Heimreise ließen die Weisen Jerusalem links liegen
Herodes wollte Jesus töten, er soll keine Hilfe dafür griegen
Auch Josef ahnte durch einen Traum von Herodes Not
Er floh mit Familie nach Ägypten, wartete auf Herodes Tod

Bibel: Lies ab Matthäus 2

Die Taufe

Johannes lebte in der Wüste, hielt sich am Fluss Jordan auf
Spartanisch speiste er Heuschrecken mit wildem Honig drauf
Er predigte Menschen, sich Gottesfürchtig zusammenraufen
Als Zeichen für den Herrn, tat er sie im Jordan taufen

Eines Tages kam Jesus, sich von Johannes taufen zu lassen
Er erkannte Gottes Sohn und konnte es kaum fassen
Ich kann dich nicht taufen, du bist Gottes Sohn, du taufe mich
Doch Jesus bestand drauf, und Johannes traute sich

Als Jesus aus dem Wasser kam, geschah ein kleines Wunder
Der Himmel öffnete sich und eine weiße Taube flog herunter
Und Gottes Stimme sprach, zu hören war er gut
Du bist mein Sohn, es gefällt mir was du tust

Bibel: Lies ab Matthäus 3

Jesus Versuchungen

Vierzig Tage ging Jesus in die Wüste zum beten und meditieren
Der Teufel sah seine Chance, ihn zu versuchen und zu verführen
Verwandle diese Steine in Brot, denn du bist Gottes Sohn
Man braucht nicht nur Brot zum Leben, verschwinde schon

Doch Teufel gab nicht auf, nahm Jesus mit auf Tempels Dach
Spring jetzt Jesus, die Engel fangen dich zärtlich und flach
Auch schlug Jesus aus, er hat es nicht machen wollen
Geschrieben steht, wir Gott nicht auf die Probe stellen sollen

Teufel brachte Jesus auf einen großen, hohen Berg
Bete mich an und alles wird dein, mein gesamtes Werk
Doch Jesus betet einzig zu Gott, egal was der Teufel versucht
Da lies er von ihm ab und ergriff panisch die Flucht

Bibel: Lies ab Matthäus 4

Jesus sucht seine ersten Jünger

Am See Genezareth suchte Jesus einige Fischer ohne Hetze
Sie sitzen auf Kaimauer, bereiten und flicken die Netze
Jesus sagt: Fahrt ins tiefe Wasser, werft die Netze dort aus
Wir waren ganze Nacht fischen, brachten nichts mit nach Haus

Doch wenn du es willst, versuchen wir es nochmal
In einem riesigen Fischschwarm schwammen sie zentral
Fischer Simon und Andreas die Schweißtropfen triefen
An Land sie begeistert Freunde Jakobus und Johannes riefen

Jesus bat, dass sie mit ihm kommen um Menschen zu fischen
Sie folgten, ließen alles zurück, um mit Jesus mitzumischen
Das waren die ersten Getreuen, sie arbeiten in Ruh
Sie zeigten sich redlich, weitere Freunde kamen später dazu

Bibel: Lies ab Lukas 5

Jesus spricht auf dem Berg

Jesus ging mit Freunden auf einen Berg und sprach über Gott
Er mag bescheidene Menschen, die leben ohne Spott
Sanftmütige und Gerechte mag unser Herrgott sehr
Segnet Friedvolle, die offen und ehrlich sind immer mehr

Verändert die Welt, wie das Salz den Geschmack variiert
Oder Licht in der Dunkelheit panische Angst reduziert
Seid nicht zornig auf andere, versucht zu vergeben
Vertragt euch mit allen, das erleichtert das Leben

Jesus lehrte sie das Gebet der Gebete, ohne Reklame
„Vater unser im Himmel, geheiligt werde dein Name"
Heute wird dieses Gebet regelmäßig weltweit gesprochen
Jesus sah es voraus, Zeremonie bis heute ungebrochen

Über Zukunft, Essen und Klamotten sollt ihr keine Sorgen haben
Gott wird für euch Sorgen, gibt Kleidung und Brot zum laben
Das ist Geben und Nehmen, auf heilige Grundmauern erbaut
Der Herr wird für uns sorgen, wenn man ihm stets vertraut

Bibel: Lies ab Matthäus 5 und 6

Das Loch im Dach

Die Menschen glaubten an Jesus, trauten ihm Wunder zu
Vier Männer brachten einen gelähmten Freund im Nu
Zu einem Haus, wo Jesus redete. Alle fanden das toll
Doch im und ums Haus waren viele Menschen, alles voll

Sie deckten das Dach ab, ließen den Gelähmten zu Jesus hinab
Der war beeindruckt, dass es so viel Hoffnung und Glauben gab
Alle Schuld sei dir vergeben! Das fanden einige überheblich
Steh auf, nimm dein Bett, geh nach Hause und leb redlich

Genau das tat der Gelähmte, alle hörten Jesu Worte
Sie wunderten sich und verehrten Gottes Sohn aller Orte
Über so viel Vertrauen hat Gottes Sohn sich gefreut
Der Gelähmte geht wieder und hat nichts bereut

Bibel: Lies auch Luka 5, 18-26

Der römische Soldat

Jesus besuchte Kapernaum, da kam ein römischer Soldat
Mein Knecht ist sehr krank und braucht ein wenig deiner Gnad
Jesus versprach alsbald zu kommen um den Knecht zu heilen
Du musst nicht zu meinem Haus, kannst hier verweilen

Ich bin überzeugt, mein Knecht gesundet, wenn du es sprichst
Meinen Soldaten befehle ich auch und sie tun ihre Pflicht
Ich bin überzeugt, gibst du einen Befehl
Wird es geschehen, daraus mach ich keinen Hehl

Erstaunt war Jesus über so viel Glauben und Vertrauen
Viele glauben an Gott, doch Zweifel den Glauben oft verbauen
Ein Römer, der kein Jude war, vertraute ganz groß
Der Knecht wurde gesund, war die Krankheit los

Bibel: Lies auch Matthäus 8, 5-13

Der Sturm

Die Menschen suchten Jesu Nähe, hörten auf ihn
Er erzählte von Gottes Liebe und wies darauf hin
Dass Gott auch jene liebt, die nicht perfekt
Alle fanden das prima und super korrekt

Am See Genezareth redete Jesus bildhaft schön
So könnte jeder die Botschaft verstehn
Am Abend noch immer viele Menschen da waren
Jesus war müde, sagte, lass uns überfahren

Mit seinen Jüngern bestieg er ein kleines Boot
Legte sich, schlief ein. Ein Sturm brachte Not
Panisch riefen die Jünger: Wach auf Herr und rette
Sonst sind wir verloren, jede Wette

Jesus stand auf, befahl dem Wind: Verstumme, schweig und so
Legte sich der Sturm und die Jünger waren froh
Warum fürchtet ihr euch, und zweifelt am Glauben
Sie fragten, wer ist er, der dem Sturm die Kraft kann rauben

Bibel: Lies auch Markus 4, 35-41

Fremde Frau und kleines Mädchen

Der Vorsteher der Synagoge war sehr gläubig, er hieß Jairus
Jesus, bitte komm weil meine Tochter sonst sterben muss
Er folgte ihm durch die Menschenmenge, Jairus führt
Plötzlich bleibt Jesus stehn, fragt, wer hat mich berührt?

Eine fremde, ängstliche Frau trat hervor und gestand
Seit zwölf Jahren bin ich krank, blute ständig an der Hand
Niemand wird mich je anfassen, gelte als unrein
Kein Doktor kann mir helfen – nein

Nun hörte sie auf zu bluten, da sie Jesus berührt
Gehe hin in Frieden, dein Glaube hat dich geführt
Die fremde Frau war überglücklich und wurde gesund
Jetzt schreitet Jesus weiter zu Jairus Haus zur Stund

Plötzlich kamen viele Menschen zu Jairus in Not
Jesus braucht nicht kommen, deine Tochter ist tot
Vertrau mir, sprach Jesus, deine Tochter wird leben
Beim Haus weinten viele, wollten letzte Ehre geben

Petrus, Johannes, Jakobus, Jairus und Frau waren dabei
Jesus nahm des Mädchens Hand. Wach auf, atme frei
Das Mädchen schlug die Augen auf und lächelte leise
Dies Wunder Jesu erstaunte die Menschen, zog große Kreise

Bibel: Lies auch Lukas 8, 41-59

Speisung der 5.000

Menschenmengen folgten Jesus, hörten seine Worte
Über Gottes Reich, das Paradies und andere Orte
An einem einsamen Platz, hatten alle die Zeit vergessen
Die Jünger sagten, schick die Menschen heim zum Essen

Ihr könnt ihnen doch was zum speisen auftischen
Die Jünger meinten, es gibt nur fünf Brote und zwei Fische
Hier versammeln sich fünftausend Menschen heute
Das bisschen Essen reicht nicht für alle Leute

Jesus bat alle, sich zu setzen und dankte für Brot und Fisch
Sie brachen das Essen und verteilten es unter sich
Alle wurden satt, es gab sogar noch zwölf Körbe mit Resten
Das war ein Wunder, sogar eins von den Besten

Bibel: Lies auchLukas 9, 11-17

Der Taube

Ein Mann kam zu Jesus, der weder hörte noch sprach
Jesus sagte, komm und folge mir nach
Mit Speichel berührte er dessen Zunge und Ohr
„Öffne dich!" Schon brachte der Taube erste Wörter hervor

Jetzt konnte er hören und sprechen, dankte groß
Seine Behinderung war er entgültig los
Die Menschen wunderten sich, ließen sich betören
Jesus lies Stumme sprechen und Taube hören

Bibel: Lies auch Markus 7, 31-37

Barmherziger Samariter

Ein Mann fragte Jesus nach Gottes Geboten. Ich denke
Dass ich Gott lieben soll sowie meinen Nächsten beschenke
Doch wer ist mein Nächster, wie kann ich ihn erwählen?
Da begann Jesus eine Geschichte zu erzählen

Ein Mann wurde Richtung Jericho überfallen, war verletzt
Ein Priester kam, sah ihn, ist weiter gehetzt
Der Tempeldiener, tat es dem Priester gleich
Ein Samariter aus dem Ausland hielt an und wurde weich

Er verband das Opfer, brachte ihn per Esel zum Gasthaus
Bitte versorge und ernähre den Mann, ich leg Geld raus
Der Samariter war der Nächste, war die Antwort auf die Frage
Du kennst die Antwort, leb jetzt danach alle Tage

Bibel: Lies auch Luis 10, 25-37

Der Himmelsschatz

Es kam zu Jesus ein Mann, der sein Erbe haben wollte
Habgier ist schlecht, man nicht so viel besitzen sollte
Jesus erzählte die Geschichte von einem reichen Bauer
Danach war der Mann dann schlauer

Bauer war reich, besaß nicht genügend Kornlager in den Auen
Wollte alte Scheunen abreißen, neue, größere Lager bauen
Danach das Leben genießen in Reichtum ohne Not
Gott sprach: „Du Narr, stirbst heute Nacht und bist dann tot"

Was hast du dann von deinem Reichtum und irdischen Glück
Du nimmst nichts mit und lässt alles zurück
Also sprach Jesus: Erkennst du den Sinn?
Es ist wichtiger himmlische Schätze zu sammeln, da sollst du hin

Bibel: Lies auch Lukas 12, 13-21 und 33-34

Der gute Hirte

Früher kannte man sich aus mit Hirten und Schafen
Schafe vertrauten ihrem Hirten, konnten Nachts ruhig schlafen
Der Hirten kannte alle Schafe mit Namen
Sie hörten seine Stimme und alle kamen

Ein guter Hirte wird für seine Herde alles probieren
Und wenn es notwendig ist, sein Leben riskieren
Wie ein gut Hirte will ich für euch da sein und sorgen
Sagt Jesus, in Gottes Reich seid ihr geborgen

Erzählte die Geschichte eines guten Hirten
Der Tat eine große Herde bewirten
Kannte alle Schafe mit Namen und zählte
Stellte dann Fest, ein Schaf fehlte

Er ging los und suchte es überall eindrücklich
Als er es endlich fand, war er überglücklich
Er rief seine Nachbarn, feiert mit mir richtig
Und so ist Gott, jeder Einzelne ist ihm wichtig

Bibel: Lies auch Johannes 10, 1-18 und Lukas 15, 3-7

Der gnädige Vater

Vater von zwei Söhnen sein ist schwer
Der jüngste Sohn sprach: Gib mir mein Erbe her
Ich nehme all mein geehrtes Geld
Lass mir gut gehen und zieh in die Welt

Schnell war das Geld verprasst, nur noch leere Tüten
Blieb Sohnemann nichts anderes mehr als Schweine hüten
Er will nach Haus mit großen Schritten
Und Vater um Verzeihung bitten

Als Vater seinen Jüngsten sah, umarmte er ihn voller Freude
Er feierte ein Willkommensfest und lud viele Leute
Der ältere Sohn wurde zornig, konnte das nicht verstehen
Vater sagte, er freue sich, seinen Jüngsten wiederzusehen

Und so ist Gott, der alle Menschen liebt
Fehler er jedem gnädig vergibt
Wie ein liebender Vater, der liebt alle gleich
Kann mancher was lernen, ob arm oder reich

Bibel: Lies auch Lukas 15, 11-31

Lazarus

Maria und Martha, die Schwestern von Lazarus
Schickten nach Jesus, der schnell kommen muss
Als Jesus kam, herrschte große Not
Lazarus erlag seiner Krankheit, war tot

Lazarus wird auferstehen, sagte Jesus, ihr werdet sehen
Martha glaubte ihm, das wird schon gehen
Gottes Sohn kann alles, uns vieles geben
Nicht zuletzt das ewige Leben

Jesus, Maria und Martha vor Lazarus Grab stehen geblieben
Bat den Stein vorm Eingang weg zu schieben
Betete zu Gott in den Himmel hinaus
Und sprach: Lazarus, komm heraus

Und Lazarus kam lebendig aus dem Grab
Die Leichentücher hingen an ihm herab
Für alle, die das sahen, es ein großes Wunder ist
Sie glauben, dass du Jesus Gottes Sohnemann bist

Bibel: Lies auch Johannes 11, 1-45

Gesegnete Kinder

Eltern nahmen Jesus an, beachten ihre Kinder zu ihm
Die Jünger Jesu fanden die Unruhe schlimm
Und versuchten die Kleinen vom Gottes Sohn fern zu halten
Doch Jesus begann seine Hände zu falten

Und ließ die Kinder zu sich kommen
Er hat sie in den Arm genommen
Segnete sie und prophezeite sogleich
Den Kindern gehört das Himmelreich

Bibel: Lies auch Markus 10, 13-16

Der Blinde

Der blinde Bartholomäus an einer Straße in Jericho stand
Er hörte, dass da was los ist und fand
Fragte Passanten, was das mit der Unruhe auf sich hat
Er bekam die Antwort: Jesus verlässt die Stadt

Bartholomäus hatte von Jesu Wunder gehört
Und rief nach ihm, auch wenn es grad stört
Doch Jesus fragte ihn ganz still
Nach seinem Wunsch und was er will

Ich will sehen, sagte Bartholomäus, hell und klar
So wie es noch nie in meinem Leben war
Weil er so sehr Gottes Sohn vertraute
Öffnete er die Augen und schaute

Bibel: Lies auch Markus 10, 46-52

Der Mann auf dem Baum

Zachäus war ein reicher Mann
Weil er für die Römer Zoll eintreiben kann
Um seinen Job war er nicht zu beneiden
Keiner konnte ihn deswegen leiden

Dass er Jesus mal sieht, war sein großer Traum
Als der in die Stadt kam, stieg Zachäus auf einen Baum
Jesus sah ihn, sprach er ohne Hast
Zachäus, ich komm heute Abend zu dir als Gast

Er war überrascht, konnte es kaum fassen
Normalerweise taten ihn doch alle hassen
Und jetzt kam Jesus in sein Haus
Aus Zachäus sprudelte es heraus

Ich will mein Leben ândern, meinen Reichtum vernetzen
Wenn ich betrogen habe, es vierfach ersetzen
Jesus lobte ihn, war froh, dass er den Weg zu ihm erklommen
Heut' hat Zachäus Gottes Segen bekommen

Bibel: Lies auch Lukas 19, 1-10

Der König

Jesus ging nach Jerusalem zum Passahfest
Ein Esel trug ihn für des Weges Rest
Die Menschen jubelten die Straße rauf und runter
Sie wussten von seinen Taten und Wunder

Legten Palmenzweige und ihre Kleider vor ihm nieder
Waren euphorisch und riefen immer wieder
Gelobt sei Jesus, der König. Es wurde gejubelt und gelacht
Doch einige fanden das übertrieben und unangebracht

Bibel: Lies auch Lukas 19, 29-38 und 47

Im Tempel

Jesus suchte den Tempel auf, er wollte beten
Darin ging es zu wie auf'm Bazar, es zählten nur Moneten
Er wurde zornig und kochte vor Wut
Warf Tische durch den Tempel, das tat ihm gut

Er schimpfte und schickte die Händler weg
Das hier ist Gottes Haus, ihr missbraucht seinen Zweck
Danach kamen wieder Menschen und beteten mit ihm
Jesus predigte und heilte, die Welt in Ordnung schien

Kinder liefen umher, Gott ist wunderbar
Das ist es, was der Herr gerne sah
Doch Tempelpriester und Lehrer erhoben Beschwerden
Wollten Jesus am liebsten los werden

Bibel: Lies auch Matthäus 21, 12-16 und 46

Das letzte Abendmahl

Jesus spürte, er hatte nicht mehr viel Zeit
Er lud seine Jünger zur letzten Mahlzeit
So trafen sie sich, ganz im privaten
Jesus wusste, Judas wird mich verraten

Mit Tücher und Wasser aus Flaschen
Begann Jesus die Füße der Jünger zu waschen
Petrus wirkte überrascht, was tust du hier?
Geht so miteinander um, wie ich mit dir

Zum Essen verteilte Jesus Brot und Wein
Sprach: Das Brot soll mein Körper sein
Der Wein, der steht für mein Blut
Speist ihr Brot und Wein, denkt an mich, das ist gut

Bibel: Lies auch Johannes 13, 1-15 und Matthäus 26, 26-29

Garten Gethsemane

Judas schlich zu den Hohenpriestern, tat sich nicht winden
Verriet für dreißig Silberlinge, wo sie ihn finden
Im Garten Gethsemane wollte Jesus beten
Petrus, Johannes und Jakobus auch den Garten betreten

Eins fühlte Jesus jetzt ganz klar
Er war in ganz großer Gefahr
Die Jünger sollten aufpassen und wachen
Doch schliefen sie ein statt ihren Job zu machen

Jesus erkannte, es wird ernst und geht zum Schluss
Judas kam mit Soldaten, ging zu Jesus und gab ihm einen Kuss
Die Jünger hatten Angst, sie flohen, konnten es nicht verkraften
Die Soldaten holten Jesus, um ihn zu verhaften

Bibel: Lies auch Markus 14, 32-50

Der Hahn

Bevor der Hahn kräht, wirst du mich drei mal verraten
Prophezeite Jesus dem Petrus, der's abstritt mit Gnaden
Nach Jesu Verhaftung wollte Petrus sehen
Was passiert mit ihm, zu Hohenpriestern gehen

Beim Aufwärmen sah ihn eine Magd,
du gehörst zu Jesus, Petrus stritt ab
Doch die Magd war sicher, dass sie zusammen gehen
Petrus blieb dabei, er habe Jesus nie gesehen

Auch andere sagten, du gehörst dazu und teilst seinen Ruhm
Doch Petrus meinte, hab mit ihm nichts zu tun
Vor panischer Angst Petrus nicht anders kann
Da erfüllte sich die Prophezeiung und es krähte der Hahn

Da erschrak Petrus, war enttäuscht über sich
Jesus hatte Recht, Petrus weinte jämmerlich
Er schämte sich und konnte es kaum fassen
Dass er so schwach und sich hat gehen lassen

Bibel: Lies auch Markus 14, 66-72

Pilatus

In dieser Nacht wurde Jesus vernommen
Ist zu Pontius Pilatus gekommen
Der römischer Verwalter war
Dass Jesus nicht kriminell, war ihm klar

Pilatus wollte keinen Unschuldigen bestrafen
Er befragte die Menschenmassen in den Straßen
Soll ich den Mörder Barnabas frei lassen
Oder wollt ihr euren König von Nazareth mehr hassen

Die Menge forderte, lass Barnabas frei
Der tat einen Jubelschrei
Und was soll ich mit Jesus wagen?
Du sollst ihn ans Kreuze schlagen

Bibel: Lies auch Johannes 18, 1-19

Kreuzigung

Pilatus nahm Wasser und Tücher mit Geduld
Sehr her, ich wasch meine Hände in Unschuld
Will nicht schuld sein an Jesu Tod
Für den begann jetzt schmerzliche Not

Sie quälten, schlugen ihn, setzten ihm die Dornenkrone auf
Das Holzkreuz trug Jesus unter Schmerzen den Berg hinauf
Zwischen zwei Verbrechern nagelten sie ihn ans Kreuze nun
Jesus flüsterte: Herr vergib ihnen, sie wissen nicht was sie tun

Ein Schild oben am Kreuz, darauf geschrieben stand
Jesus von Nazareth, König der Juden, hier sein Ende fand
Unterm Kreuz standen viele Menschen und weinten
Die Zukunft wird bitter wie sie meinten

Es verdunkelte sich der Himmel, es war wie in der Nacht
Bevor Jesus starb, sagte er: Es ist vollbracht!
Später wurde er vom Kreuz genommen
Und ist ein Felsengrab gekommen

Bibel: Lies auch Johannes 19, 17-42

Maria Magdalena

Maria Magdalena ging nach dem Sabbattag
Mit zwei anderen Frauen zu Jesu Grab
Vorm Eingang weg gerollt war der Stein so schwer
Die Frauen sahen nach, doch das Grab war leer

Ein Engel erschien und sagte, Jesus ist nicht mehr da
Maria weinte vorm Grab, wo Jesus wohl war
Warum weinst du Maria? Hörte sie jemanden sagen
Sie dachte an den Gärtner: Hast du Jesus weggetragen?

Maria! Sagte die Stimme markant
Sie schaute auf und da hat sie Jesus erkannt
Erzähle allen, dass ich lebe und zu meinem Vater gehe
Das tu ich, weil ich dich mit meinen eigenen Augen sehe

Bibel: Lies auch Johannes 20, 1-18

Der ungläubige Thomas

Nach dem Jesus Maria erscheinen war
Besuchte er auch seine Jünger, das war klar
Nur Thomas war nicht dabei, und hatte Jesus nicht gesehen
Ich glaube das nicht, das kann doch nicht gehen

Ich muss Jesus sehen, seine Wunden spüren
Dann kann man mich wieder zum Glauben führen
Als die Jünger sich wieder versammeln in einem Raum
Erschien Jesus, es war wie im Traum

Thomas, berühre meine Hände und Wunden
Der Ungläubige hat wieder seinen Glauben gefunden
Jesus sagt: Jetzt siehst du mich, das wird Glauben erlauben
Gott liebt auch Menschen, die nicht sehen und doch glauben

Bibel: Lies auch Johannes 20, 24-28

Fischen

Die Nachricht verbreitete sich wie der Wind
Jesus lebt, er ist Gottes Kind.
Er tauchte überall auf, erschien durch die Wand
Zeigte allen, dass er lebte und verschwand

Petrus forderte einige Jünger zum Fischen auf
Sie fuhren mit dem Boot auf den See darauf
Bis weit in die Nacht warfen sie die Netze hinaus
Doch Fische und Erfolg blieben aus

Was habt ihr gefangen, eine Stimme vom Ufer fragt
So gut wie nichts, hat Petrus gesagt
Und plötzlich füllten sich die Netze mit Meeresgetier
Das ist Jesus, meinte Johannes, das sag ich dir

Petrus sprang ins Wasser, schwamm auf Jesus zu
Später saßen sie zusammen, Jesus sagte, Petrus du
Liebst mich so sehr, dass ich einen Wunsch frei habe
Du bist mein Fels und du schaffst die Aufgabe

Wirst du auf die anderen achten und weitergeben
Was du von mir gelernt, und das dein ganzes Leben
Petrus wusste, Jesus vertraut mir, obwohl ich ihn verriet
Ich mache, was du willst, auf jedem Gebiet

Bibel: Lies auch Johannes 21, 1-14

Der heilige Geist

Den Jüngern und seinen Anhängern sagte Jesus spät
Dass er zu seinem Vater in den Himmel geht
Ich bin dann zwar nicht mehr auf der Erde zu erblicken
Doch werde ich den heiligen Geist euch schicken

So bin ich bei euch und kann Kraft geloben
Dann wurde Jesus in den Himmel gehoben
In Jerusalem wurde das Pfingstfest gefeiert. Ganz klar
Spürten die Jünger, dass der heilige Geist bei ihnen war

Die Kraft kam mit Sturm und Feuerflammen
Da nahm Petrus seinen ganzen Mut zusammen
Und sprach: Glaubt an Jesus und ändert euer Leben
Die Menschen hörten ihn, wollten ihr bestes geben

Verschiedene Nationalitäten und Sprachen
Wie sollte Petrus das nur machen
Doch die Menschen verstanden, unterstützten ihn echt
Man nannte sie Christen, und das zu Recht

Bibel: Lies auch Apostelgeschichte 1, 7-11 und 2, 1-12

Der Bettler

Johannes und Petrus wollten im Tempel beten
Am Tor saß ein Mann, bettelte um Moneten
Er konnte nicht laufen, sprach Petrus und Johannes an
Doch Petrus sagte, dass er kein Geld geben kann

Er hatte von Jesus die Kraft zum Heilen, und sehe
Petrus sagte dem Mann: Steh auf und gehe
Das tat der Mann, Gott ist wunderbar
Erzählte jedem, wie toll das Wunder war

Bibel: Lies auch Apostelgeschichte 3, 1-10

Stephan und Paulus

Stephan war ein gläubiger Mann, er liebte Gott
Half den Bedürftigen in großer Not
Erzählte von Jesus, seinen Wundern und Leben
Stephan konnte heilen, trösten und Zuspruch geben

Doch Priester und Gelehrte fanden das nicht gut
Jesus war weg, jetzt machten dessen Anhänger Mut
Ein Ende muss her, wir müssen das bereinigen
Vor der Stadt taten sie Stephan zu Tode steinigen

Saulus beobachtete von einem stillen Ort
Den fadenscheinigen, heimtückischen Mord
Er liebte Gott, aber die Anhänger von Jesus nicht
Brachte viele von ihnen ins Gefängnis und vor Gericht

Richtung Damaskus wurde Saulus von Licht geblendet
Er fürchtete, jetzt ist sein Leben beendet
Warum verfolgst du mich? Hörte er eine Stimme
Wer bist du? Fragte Saulus, befürchtete Schlimmes

Ich bin Jesus, hab eine Botschaft für dich
Verfolgst du meine Freunde, dann verfolgst du auch mich
Jetzt steh auf, geh in die Stadt
Dort sagt man dir, was du zukünftig machst

Saulus wurde in die Stadt gebracht, konnte nicht alleine gehen
Durch die Blendung war für ihn weiter nichts zu sehen
Ananias kam zu ihm, Jesus hat mich geschickt
Damit du die Augen öffnest und die Welt erblickst

Dieses Wunder schien Saulus die Sinne zu rauben
Er fing an, ganz feste an Jesus zu glauben
Änderte sein Leben und seinen Namen in „Paulus"
Mit Christenverfolgung war ab sofort Schluss

Alle Menschen erzählte er von Jesus und Gott
Unterstützte Bedürftige in ihrer Not
Die, die ihn kannten, konnten nicht verstehen was passiert
Ist das nicht Saulus, der früher die Christen abkassiert?

Bibel: Lies auch Apostelgeschichte 6-8 und Apostelgeschichte 9, 3-22

Der Äthiopier

Ein Engel schickte Philipp nach Gaza als dann
Er einem einflussreichen Mann aus Äthiopien treffen kann
Im Wagen sitzend die Worte von Jesaja lesend
Kann ich dir helfen, ist Philipp's Frage gewesen

Erklär mir die Prophezeiung vom gestorbenen Mann
Mit Kraft des heiligen Geistes fing er an
Erzählte von Jesus, wie er lebte und am Kreuz gestorben
Und wie er von Gott von den Toten erweckt geworden

Das er und alle Christen Kraft bekamen
Um ihr Leben zu gestalten in Gottes Namen
Beeindruckte den Äthiopier tief
So das er am Wasser zu Philipp rief:

Hier ist ein Fluss, zu dem ich laufe
Und bitte dich um die Taufe
Will alles dafür geben
Zukünftig als guter Christ zu leben

Bibel: Lies auch Apostelgeschichte 8, 26-39

Petrus Vision

In Cäsarea war Kornelius Hauptmann, ein guter Mann
Er liebte Gott, und betete zu ihm, so oft er kann
Ein Engel erschien ihn, Gott weiß, du lebst fromm
Schicke Männer nach Joppe, dass Petrus zu dir kommt

Petrus träumte, er habe großen Hunger
Kam ein Leintuch vom Himmel gefüllt mit Tieren wie Hummer
Eine Stimme sagte: Iss doch, es ist nicht geraubt
Ich kann das nicht essen, es ist nicht erlaubt

Du kannst alles essen, man wird dich nicht strafen
Denn nichts ist unrein, da Gott es erschaffen
Als Petrus erwachte, klopfte es am Tor
Kornelius Männer traten hervor

Unser Hauptmann träumte, ein Engel erschien ganz still
Der sagte, Petrus mit dir reden will
Plötzlich deutete Petrus seinen Traum
Gott wollte ihm sagen, du kannst allen Menschen traun

Egal woher sie kommen, oder Römer sind
Jeder ist willkommen, ist Gottes Kind
Petrus erzählte von Jesus und Gott
Die Römer glaubten, ließen sich taufen sofort

Giebel: Lies auch Apostelgeschichte 10, 1-47

Gebete für Petrus

Es war sehr gefährlich als Christ zu leben
Das konnte große Schwierigkeiten geben
Das hat Petrus am eigenen Leib gemerkt
Er wurde verhaftet und eingesperrt

Zwischen zwei Soldaten wurde Petrus gefangen
König Herodes hoffte, das Christen begannen
Aus Angst ihren Glauben verlassen
Doch ein Engel gab Petrus Hoffnung zu fassen

Der Engel verhalf Petrus zur Flucht
Er das Haus seiner Freunde aufsucht
Die können nicht glauben, dass Petrus da
Er erzählte alles was er erlebte und sah

Bibel: Lies auch Apostelgeschichte 12, 3-19

Das Erdbeben im Gefängnis

Paulus bereiste viele Länder um mit Menschen zu reden
Bringt sie zum Glauben und zum beten
Bei einigen Menschen war Paulus sehr angesagt
Woanders mochte man ihn weniger und er wurde verjagt

In Philippi wurden Paulus und Silas verhaftet
Aber sie haben es sehr gut verkraftet
Sie glaubten weiter an Gott, sangen Lieder, ganz leichte
Als ein Erdbeben das Gefängnis erreichte

Die Mauern erschüttern, die Fessel fielen fort
Tore öffneten sich, doch Paulus blieb am Ort
Erzählte dem Aufseher von Jesus und was geschah
Dessen Familie lies sich taufen, fand's wunderbar

Bibel: Lies auch Apostelgeschichte 16, 1-36

Schiffsunglück

Oft wurde Paulus verhaftet, kurz darauf war er stets wieder frei
Vergaß nie mit Menschen über Gott und Jesus zu reden dabei
Paulus kam auf ein Schiff, als er wieder festgenommen
In Rom sollte er sein gerechtes Urteil bekommen

Ein starker Sturm kam auf, alle hatten Not
Warfen allen Ballast über Bord und fürchteten den Tod
Ein Engel sagte Paulus, das alle heil in Rom landen
Doch zunächst sie alle vor Malta stranden

Bibel: Lies auch Apostelgeschichte 27, 1-44

Malta und Rom

Das nächste viertel Jahr, Malta die Stamminsel war
Paulus heilte viele Kranke, erzählte wie er Jesus sah
Mit einem neuen Schiff war es zu regeln
Jetzt endlich weiter nach Rom zu segeln

Ein römischer Soldat nahm Paulus auf
Sollte auf ihn aufpassen, war stolz darauf
Auch ihn Rom gab es einige gläubige Christen
Paulus wurde nicht müde, Jesu Taten aufzulisten

Er schrieb viele Briefe an gläubige Gemeinden
Die sich unter Gottes Glaube als Christen vereinten
Er riet ihnen, stets zueinander zu stehn
Und immer der Weg unseres Herrn zu gehn

Auch die anderen Jünger reisten in der Welt umher
Predigten von Jesus und liebten die Menschen sehr
Immer mehr glaubten an Gott, waren zur Taufe bereit
So verbreitete sich das Christentum weltweit

Bibel: Lies auch Apostelgeschichte 28, 1-31

Der finale Vers

Jetzt hast du biblische Verse gelesen
Ist hoffentlich eine Freude gewesen
Und hat dein Interesse geweckt
Was in der echten Bibel steckt

Dies kleine Büchlein, man bedenk
Ist ein großartiges Geschenk
Zu jedem noch so kleinen Anlass
Frage stets: Wer glaubt denn sowas?